Arte del pueblo

por Mary Evans

Harcourt

Orlando   Boston   Dallas   Chicago   San Diego

Visita *The Learning Site*
www.harcourtschool.com

El puesto de la carretera

¿Has visto alguna vez un cuadro tan grande? El pintor tuvo que subirse en una escalera para pintarlo.

Cuando vuelvas a la biblioteca o a la oficina de correos, busca en las paredes. Podrás ver murales pintados. Probablemente esas pinturas se hicieron entre los años 1935 y 1943.

Un mural es una pintura en la pared. Un mural también puede ser dibujado en el techo o en las paredes exteriores. Los pueblos han pintado sobre las paredes en todo tipo de lugares.

Los hombres prehistóricos pintaron dibujos en las paredes de sus cavernas. Los antiguos egipcios lo hicieron en las paredes de sus tumbas. Los romanos decoraron sus casas con murales. Esos murales podían ser dibujos de diferentes temas.

En 1935, América pasó la Gran Depresión. Franklin D. Roosevelt era el presidente. Él inició un programa llamado Administración para el Progreso Laboral conocido también como WPA por sus siglas en inglés. Este programa fue creado para facilitar empleos para las personas que no tenían dinero.

La feria de Danbury

El gobierno apoyó a los pintores, escultores, escritores y músicos. Les pagaba por hacer sus obras de arte para la comunidad. Todos los pintores disfrutaban dibujando paredes y otros espacios que normalmente no incluían arte. En este libro, veremos algunos de los maravillosos murales creados durante ese tiempo.

Esos murales se encuentran por todo el país. Es más probable encontrarlos en edificios públicos, como escuelas y hospitales. En el año 1943, los artistas pintaron 2,556 murales.

Este mural es una pintura de una feria en Danbury, Connecticut. Usualmente la feria se hacía en octubre. La gente que iba a la feria se divertía con carreras emocionantes, jugaba diferentes juegos y disfrutaba con otras atracciones. También escuchaba a los rematadores, ofreciendo al público diferentes cosas. El lugar donde se hacía esta feria es ahora un centro comercial.

Este mural muestra una escena de la vida en América. Es un ejemplo típico de los temas que trataban los murales que a los artistas del WPA les gustaba pintar.

El ferrocarril subterráneo

¿Qué están haciendo las personas en este mural? Esta pintura trata del ferrocarril subterráneo. Sin embargo, no hay un ferrocarril. Tampoco hay nada debajo de la tierra. Ése fue el sistema que ayudaba a los esclavos a escaparse. Se le llamó "subterráneo" porque la gente lo hacía en secreto, y "ferrocarril" porque era la vía más rápida que existía en ese tiempo. A mediados de la década de 1800, los esclavos se escapaban del Sur hacia el Norte, donde ellos podían ser libres. Con frecuencia tenían que esconderse durante el día. Se iban desplazando hacia el Norte, lentamente, con sus pertenencias.

Ellos podían descansar en lugares llamados "estaciones". Las personas que los ayudaban a lo largo del camino se llamaban "conductores". Como puedes ver, la pintura muestra una escena de noche. ¿Cómo pintó el artista la noche? Los colores oscuros dan la apariencia de que hay muy poca luz en el cielo. Sólo la gente que está cerca del farol está iluminada por su llama brillante.

¿Quién es el "conductor" en esta pintura? Algunas de las figuras de la izquierda tienen las espaldas hacia nosotros. ¿Adónde crees que van ellos?

Festival en Hamburg

Aquí tenemos otro mural con una escena de ciudad. Se llama "Festival de Hamburgo". Este mural decora la Oficina de Correos de Hamburgo, en Iowa.

Los colores brillantes de esta pintura le ofrecen una impresión de alegría. Todo el mundo en el cuadro parece contento. El tiempo es cálido. Ellos están bailando y dándose las manos.

Si observas bien, te das cuenta de que la calle ancha parece que se pierde en la distancia. Esta forma de pintar, ayuda a crear profundidad en el cuadro. También ayuda a que la gente se imagine lo que hay más allá de lo que es visible en la escena.

Las figuras en la base de esta pintura son más largas que las que están en la parte superior. ¿Son, realmente, personas más grandes? No, tienen el mismo tamaño.

El pintor hace esto para que puedas ver el cuadro como si estuvieras realmente en ese lugar. La próxima vez que estés en una calle larga, llena de gente, párate sin moverte y mira hacia el final. Imagínate que estás mirando una pintura en una superficie plana. ¿Parecen las personas que tienes cerca del mismo tamaño que las que están más lejos?

Los hombres y el trigo

El trabajo y los trabajadores a menudo eran el tema de los artistas de WPA. Este artista creó un intenso cuadro de los agricultores usando lo que era maquinaria moderna en la década de 1930.

El tractor está halando una cosechadora para cortar su cultivo de trigo maduro. Las cabezas pesadas del trigo dorado se mecen en sus tallos y van siendo echados en un gran recipiente.

Nota el asta fuerte en el mismo centro del cuadro. Forma la parte superior del triángulo compuesto por el artista. ¿Puedes ver el triángulo formado por los hombres, las máquinas y el trigo?

La cosecha de manzana

Esta pintura de la cosecha de manzana cuelga en el Ayuntamiento de Norwalk, Connecticut. ¿Sabes qué época del año se representa en este cuadro? ¿Qué está haciendo el hombre en la escalera?

Si observas bien, aprenderás algo de este mural. ¿Podrías decir los pasos de la cosecha de manzana? Primero, se recogen las manzanas y se colocan en las cestas. Después, las cestas se amontonan.

Construcción de la presa

La construcción de la presa del Gran Barranco, en el río Columbia, comenzó en 1933. Llevó mucho tiempo y una gran cantidad de trabajo de construcción. En la obra trabajaron, a un tiempo, ochocientos hombres y mujeres. Cuando se completó en 1941, la presa tenía una milla de largo. En aquel tiempo, fue la estructura de concreto más grande del mundo. William Gropper pintó este mural en 1939 para el edificio del Departamento del Interior, en Washington, D.C. Hoy en día, el mural se expone en el Museo Smithsoniano.

¿Cuáles son las tres actividades que ves? A la izquierda, hay hombres que taladran las rocas y las quitan. En el centro, ves una grúa que remolca una estructura de concreto. A la derecha, los trabajadores construyen una armazón para sostener la estructura.

William Gropper no desperdició ningún espacio. Observa con atención. Entre los hombres que perforan las rocas y la grúa que traslada la estructura de concreto, la presa nueva se levanta reluciente. Ahora mira entre las figuras del centro y los hombres que trabajan a la derecha. ¡Puedes ver una fábrica de cemento! William Gropper tuvo que estudiar cómo se construían las presas antes de pintar este mural.

Con frecuencia los murales nos cuentan cuentos. ¿Qué cuento nos hace la pintura "Tarde en la granja"? El artista Orr C. Fisher parece decirnos que todo el mundo en la granja tiene un trabajo que hacer. Si te haces preguntas mientras miras este mural, aprendes más. Las preguntas te ayudan también a fijarte en los detalles.

Por ejemplo, ¿por qué los caballos están sedientos? Quizás ellos galoparon desde la granja vecina. Tal vez la persona que los guió estaba apurada. ¿De dónde piensas que viene el jinete que se ve detrás?

Tarde en la granja

Pescando ostras

En esta pintura, algunos hombres están trabajando en un barco de ostras. Mientras el artista pintaba este cuadro, los hombres que estaban realmente pescando ostras lo veían trabajar a él.

¿Qué notas en este cuadro? El hombre que está inclinado, cerca del mástil, lleva unas botas muy altas. ¿Sabes por qué tenía que usar esas botas? ¿Se te parecen el hombre de la capa negra y el de la capa amarilla? Seguramente sí. ¡El artista usó como modelo a un mismo hombre para pintarlos a todos!

El taladrador

Los artistas del WPA pintaban con frecuencia a la gente trabajando. El hombre en este mural está perforando un agujero enorme en el camino. ¿Puedes describir la expresión de su rostro? Explica cómo el artista pudo hacer que él tuviera esa cara. Aquí tienes algunas pistas: ¿Qué clases de colores usó el pintor? ¿Adónde está mirando el hombre? ¿Qué puedes decir de la forma en que le pintaron la boca?

El pueblo norteamericano tiene la suerte de conservar algunas obras de arte que el programa WPA dejó. Muchas de las pinturas hechas en este tiempo ya no existen.